Superar la ansiedad

Reorganiza tu cerebro usando técnicas de neurociencia y terapia para superar la ansiedad, la depresión, el miedo, los ataques de pánico, la preocupación y la timidez: En reuniones sociales, relaciones, en el trabajo y más

Lilly Andrew

Índice

Introducción

"La gente me ha pedido muchas veces que hable ante un grupo, pero no he podido hacerlo. El problema es que me pongo nervioso y mi mente se congela y se pone en blanco, así que lo he evitado durante toda mi vida. Pero ahora, soy gerente y debo organizar varios tipos de reuniones y solicitar financiamiento para proyectos del comité de finanzas de nuestra empresa. Simplemente tengo que hablar mucho. No estoy seguro de si es realmente posible deshacerme de esta ansiedad que siento cuando me viene a la mente la idea de hablar en grupos ". Estas fueron las palabras de Peter compartiendo sus preocupaciones con su amigo Mike. Ciertamente no es un buen lugar y, desafortunadamente, hay muchas personas que sufren de una variedad de ansiedades.

Es por esta razón que escribí este libro: para ayudar a personas como tu a vivir una vida normal y experimentar la alegría de vivir en este planeta. El enfoque de este libro no es simplemente brindarle pasos prácticos para la práctica, sino también proporcionar la teoría detrás de por qué las acciones son efectivas.

El libro comienza investigando la neurociencia del miedo y la ansiedad. Estas dos emociones son casi iguales porque se activan los mismos circuitos cerebrales y el cuerpo experimenta reacciones similares. Pero, los dos difieren ligeramente porque las amenazas que los desencadenan no son inmediatas en ambas situaciones. Posteriormente, profundizamos en un método que ha demostrado ser eficaz para curar diversos tipos de ansiedad. Conocerás la historia de un indio de 27 años que tenía una fobia social y ni siquiera podía salir de casa. Sin embargo, a través del método que compartiremos en el capítulo 1, este hombre logró deshacerse de su problema de salud mental e incluso amplió la organización para la que trabajaba.

El capítulo 2 entra en detalles sobre la ansiedad en el lugar de trabajo, en entornos sociales, con la familia y en las relaciones. Un artículo de 2019 sobre psicología revela que el gobierno del Reino Unido informó que, en 2017-2018, encontraron que 595,000 empleados sufrían estrés, depresión y ansiedad relacionados con el trabajo. Dijo además que se perdieron 15,4 millones de días laborales debido a estos problemas de salud mental. No solo hablamos de estos, sino que también te mostramos las diversas formas en que puedes lidiar con cada uno de ellos. También descubrirás un problema mental del que la mayoría de nosotros somos víctimas y cómo evitarlo.

En el último capítulo, analizamos en profundidad algunas ideas seleccionadas que te ayudarán a mantenerte al tanto de tu salud mental. Comenzamos hablando del valor de conocerse a uno mismo. Esto es muy importante y te mostramos algunas cosas que puedes hacer para comenzar este proceso de autoconocimiento. Realmente, ¿cómo manejas mejor tu salud si aún no has descubierto qué es lo que hace fluir tu vida? El otro tema que discutimos es la importancia de poder alterar tus hábitos. Esto te ayuda a tomar las riendas de tu vida y crearla de la manera que desees. ¿No es eso emocionante? ¡Imagínate crear cualquier hábito que te permita, no solo prevenir la ansiedad, sino también lograr el tipo de metas con las que siempre has soñado! También explicamos qué es un ataque de pánico y cómo manejarlo.

La ansiedad no es algo que deba tomarse a la ligera porque puede arruinar toda tu vida. Por lo tanto, si realmente deseas hacerte cargo de tu vida y tu salud mental, ¡no tienes tiempo que perder! Pasa las páginas de este libro y descubre cómo agarrar la ansiedad por el cuello y estrangularla hasta la muerte, de una vez por todas. Comencemos con el primer capítulo de inmediato.

Capítulo 1: La ciencia del miedo y la ansiedad.

Un hombre estaba trotando un día y sus ojos destellaron en un objeto en el lado izquierdo de la carretera. Inmediatamente, su frecuencia cardíaca se disparó, su frecuencia respiratoria aumentó y comenzó a sudar. Al mismo tiempo, se detuvo instantáneamente, hizo zoom sobre el objeto y se dio cuenta de que era un neumático de automóvil viejo tirado de costado en la hierba verde. Lo que le había sucedido al hombre era que entró en modo de miedo y su cuerpo se estaba preparando para correr, luchar o congelarse. Afortunadamente, contó con la ayuda de la parte ejecutiva del cerebro, llamada corteza, para evaluar objetivamente lo que él pensaba que era la amenaza. Este es un ejemplo de miedo. Entonces, el miedo es una emoción que sientes cuando te enfrentas a una amenaza inmediata que obliga al cuerpo a cambiar al modo de supervivencia. ¿En qué se diferencia de la ansiedad? La diferencia está realmente en el tiempo. La siguiente historia ayuda a mostrar qué es la ansiedad.

Un amigo mío tenía una novia que, un día, desapareció de casa. Cuando mi amiga le preguntó a la hermana de la mujer dónde estaba su novia, ella dijo que había ido con su amiga a una ciudad a unas 50 millas de distancia. Esa noche, mi amigo no durmió. Estaba sumido en sus pensamientos tratando de averiguar si de hecho su chica se había ido a la ciudad o no. A la mañana siguiente, mi amigo se fue a trabajar, pero no podía concentrarse en su trabajo. Estaba preocupado y ansioso de que su novia pudiera haberlo engañado. Finalmente, le preguntó a su jefe si podía ir temprano y obtuvo permiso. Cortaré esta historia aquí porque nos permite definir qué es la ansiedad. En este caso, la amenaza que mi amigo "vio" fue que su novia lo estaba engañando. Sus pensamientos se detuvieron en esta posibilidad hasta que la química de su cuerpo cambió tanto que no pudo dormir. Esta es la ansiedad. Es una emoción que sientes cuando estás preocupado por una amenaza que puede estar solo en tu mente o en el futuro. Esta afirmación resume la forma principal en que se produce la ansiedad, "cuando hablamos de la vía de la corteza hacia la ansiedad, generalmente nos centramos en las interpretaciones, imágenes y preocupaciones que crea la corteza, o en pensamientos anticipatorios que crean ansiedad cuando no hay peligro presente.

(Pittman, 2015, p. 20). ¿Qué sucede dentro de nuestro cerebro cuando entramos en el modo de miedo o ansiedad? La ciencia tiene la respuesta.

La neurociencia del miedo y la ansiedad

El miedo y la ansiedad son emociones y surgen como resultado de la activación de la parte del cerebro llamada amígdala. Este pequeño órgano tiene forma de almendra y hay dos, uno ubicado en cada mitad del cerebro llamado hemisferio. La amígdala está relacionada tanto con el tálamo como con la corteza. La parte contorneada del cerebro que está en contacto con el cráneo es lo que se llama corteza. Debo mencionar aquí que las partes del cerebro están interconectadas en una red compleja que la ciencia aún no ha podido identificar todas. El tálamo distribuye información sensorial del entorno, ya sea directamente a la amígdala o a través de la corteza.

La amígdala se ve a menudo como el órgano del miedo porque desencadena comportamientos asociados con la emoción. ¿Cómo ocurre el miedo? Cuando sus sentidos (ojos, oídos, nariz, piel o lengua) captan un estímulo del entorno, lo envían a la amígdala a través del tálamo. La amígdala alberga recuerdos emocionales que las personas aprendieron de sus experiencias pasadas. Cuando una señal sensorial ingresa a la amígdala, que a su vez verifica rápidamente si existe un peligro inmediato o no, según la experiencia pasada, mediante el uso de la ley de asociación. Algunos de nuestros recuerdos emocionales no provienen de nuestras propias experiencias, sino que están conectados al cerebro desde el nacimiento.

La corteza es ineficaz para activar el cuerpo para responder a una amenaza. El problema con la corteza es que se necesita tiempo para pensar bien las cosas y, en presencia de un peligro real, es posible que te maten. Por lo tanto, tiene sentido absoluto que la amígdala anule la corteza. Pero este órgano del miedo también puede actuar erróneamente al asumir que algunas cosas representan una amenaza inmediata, incluso si no es así. Por ejemplo, para las amígdalas de otras personas, los ojos de las personas que las miran cuando están a punto de hablar en público pueden representar una amenaza. Quizás lo hagan, pero en muchos casos, lo peor que puede pasar es que estas personas se rían de ti, no que te maten.

La amígdala, cuando percibe una amenaza inmediata, desencadena la liberación de hormonas como la epinefrina (adrenalina) que inician cambios fisiológicos como un pico en la frecuencia cardíaca. Estos cambios preparan al cuerpo para luchar, congelarse o correr para que puedas permanecer vivo. Por lo tanto, el miedo puede ser importante cuando se desencadena correctamente, pero también puede ser infundado. Por tanto, es necesario comprender qué es el miedo y cómo manejarlo.

La ansiedad, por otro lado, ocurre a través de dos vías que la ciencia ha descubierto. Uno es el miedo. La diferencia clave es que la fuente de la amenaza no representa un peligro inmediato. Es posible que escuches la noticia de que serás despedido dentro de dos meses. Esta información puede desencadenar pensamientos pasados y emociones sobre cuando no tenías trabajo y luchabas para llegar a fin de mes. Pensar en esto puede eventualmente desencadenar ansiedad por toda la situación. Sin embargo, si tuvieras que pensar en la situación desde la perspectiva de la corteza cerebral, usando tu capacidad de razonamiento, es posible que descubras que ser despedido es una gran oportunidad disfrazada. Por ejemplo, puedes tener la oportunidad de trabajar para una empresa que utiliza mejor tus fortalezas y, por lo tanto, te proporcionaría un trabajo que disfrutarías. Pero, solo puede ser una oportunidad si buscas una semilla de mayor beneficio.

La segunda vía neural, la ansiedad, involucra a la corteza. Es importante tener en cuenta que la amígdala recibe las señales sensoriales mucho más rápido que la corteza para una acción rápida en caso de peligro. Por lo tanto, la mayoría de los terapeutas centran su atención en el camino de la corteza porque los orígenes de la ansiedad no son necesariamente una amenaza. La parte de la corteza cerebral es responsable de funciones de orden superior como el razonamiento, el análisis y las matemáticas. Ayuda a evaluar el peligro. Así es como juega un papel en la ansiedad; los órganos de los sentidos, como con el miedo, recogen los estímulos y los transmiten al tálamo. Al recibir esta información, el tálamo envía la señal a varias partes de la corteza para su procesamiento e interpretación. La información procesada se envía a otras partes del cerebro, especialmente al lóbulo frontal, para ayudarlo a percibir y comprender los estímulos. El lóbulo frontal se encuentra justo detrás de la frente y los ojos. Es el lóbulo más grande del cerebro humano y también es más grande que los de los animales. Esta gran parte del cerebro tiene la capacidad de predecir el futuro y sus consecuencias, hacer planes, resolver problemas, manejar escenarios hipotéticos y, por lo tanto, puede anticipar fácilmente que las cosas se pongan mal.

Pero, su trabajo más importante es dirigir nuestros pensamientos para que conduzcan nuestras vidas de la manera sugerida por Sadhguru, un místico indio, cuando dijo: "Lo único que se interpone entre usted y su bienestar es un hecho simple: permitió que sus pensamientos y emociones recibieran instrucción desde el exterior en lugar de desde el interior" (Sadhguru, 2016, p.20).

Debido al poder de predecir, el lóbulo frontal puede hacer que te preocupes al enfocar su mente en pensamientos de preocupación. Quizás sea vital afirmar aquí que la preocupación es un fenómeno que ocurre a nivel mental cuando se enfoca en lo que podría salir mal; mientras que la ansiedad es una emoción que sientes dentro del cuerpo a través de reacciones como palpitaciones del corazón. Tus preocupaciones pueden ser tan serias que comienzan a interferir con tu vida diaria, y esta condición se denomina "trastorno de ansiedad generalizada".

El poder del enfoque cognitivo-conductual de la ansiedad

Una vez, dos hombres fueron despedidos de sus trabajos el mismo día. Todavía eran jóvenes, ambos hombres, con poco más de 30 años. Al ver que aún les quedaba mucha vida por delante, empezaron a irrumpir en las calles en busca de trabajo. Durante 6 meses completos, no recibieron nada más que una serie de cartas de rechazo. Finalmente, uno de los hombres dejó de buscar trabajo y pasó sus días viendo televisión y bebiendo mucha cerveza.

Un día, se despertó temprano en la mañana y se preparó para lo que parecía ser otro intento de buscar trabajo. Su esposa estaba eufórica. Este joven llevó a su esposa al trabajo y a los niños a la escuela. Luego regresó a casa, se encerró en el garaje, dejó el motor del coche en marcha y se quitó la vida. El otro hombre siguió adelante y, finalmente, después de 8 meses, consiguió un trabajo. Analicemos lo que sucedió con el joven que terminó con su vida y dejó huérfanos a sus hijos:

• Evento: recibió rechazo tras rechazo.

• Pensamientos dominantes - Empezó a pensar que nunca conseguiría un trabajo por mucho que buscara. Además, se sintió pequeño por ser cuidado por su esposa.

• Emociones y reacciones corporales: abatido, estresado, desesperado y con dolores de cabeza.

• Comportamiento: miró televisión sin límite, bebió mucha cerveza y finalmente se suicidó.

De hecho, esta es una historia triste que nunca debería haber sucedido si el joven hubiera sabido del enfoque cognitivo conductual de la ansiedad. El proceso que sigue esta terapia podría haber ayudado a identificar los problemas centrales y ayudar al joven a abordarlos. Con el fin de salvar vidas y ayudar a otros a llevar una vida saludable, veamos más de cerca el enfoque cognitivo conductual de los problemas mentales y de salud.

¿Qué es el enfoque cognitivo conductual?

El enfoque cognitivo conductual es el tipo de terapia que cree que la cognición (el pensamiento) afecta el comportamiento y se puede controlar y modificar. Además, este enfoque sugiere que puedes cambiar tus pensamientos para afectar los comportamientos deseados. Se convirtió en una terapia importante a partir de la década de 1960 cuando los psicólogos y terapeutas comenzaron a adoptar el papel de los pensamientos en las emociones y las acciones. Esto es interesante porque las civilizaciones pasadas conocían el impacto de los pensamientos en el carácter y la conducta. Sabemos esto porque algunos de ellos compartieron con nosotros formas de alcanzar cualidades como el autocontrol. De hecho, James Allen dijo una vez que el primer paso para convertirse en una persona con autocontrol era introspectar, mirar hacia adentro. Esto es lo que dijo con sus propias palabras: "Introspección. Esto coincide con la observación del científico natural. El ojo mental se dirige como un reflector hacia las cosas internas de la mente, y sus procesos sutiles, siempre variables se observan y anotan cuidadosamente. Este alejarse de las gratificaciones egoístas, de las excitaciones de los placeres y ambiciones mundanas, para observar, con el objeto de comprender, la propia naturaleza, es el comienzo del autocontrol. Hasta ahora, el hombre ha sido llevado ciegas e impotentemente por los impulsos de su naturaleza, la mera existencia de las cosas y las circunstancias, pero ahora pone freno a sus impulsos y, en lugar de ser controlado, comienza a controlar"(Allen, sf , p. 309).

La diferencia entre lo que dice Allen y el enfoque cognitivo conductual es que este último utiliza el servicio del terapeuta para ayudarlo a volverse hacia adentro y observar el papel que juegan los pensamientos en su comportamiento. Por tanto, este enfoque depende en gran medida de la colaboración activa del terapeuta y el paciente. El objetivo principal es ayudar al paciente a identificar los pensamientos que desencadenan y contribuyen a emociones como la ansiedad. Es un descubrimiento guiado y requiere un terapeuta que sea un experto en trabajar con personas. Dicho terapeuta debe ser paciente, afectuoso, empático y un gran oyente que haga preguntas de calidad como un buen detective. La razón principal por la que puede necesitar un terapeuta es porque algunos de sus pensamientos pueden escapar de su conciencia y al mismo tiempo causarle ansiedad. Sin embargo, un terapeuta capacitado en el enfoque cognitivo conductual puede ayudarlo a encontrar y evaluar esos pensamientos que desencadenan la ansiedad y la preocupación.

Sin embargo, en este libro queremos que te conviertas en tu propio terapeuta de enfoque cognitivo conductual. Quizás estés pensando, "¿Funciona este enfoque?" Para responderte, permítame llevarte a un estudio de investigación que se llevó a cabo para establecer si la terapia cognitivo conductual (TCC) funciona en comparación con un placebo. Este último es un grupo de personas que se utiliza como control en una investigación o experimento para poder realizar una comparación imparcial. En este caso, Stephan Hofmann, PhD. Y Jasper Smits, PhD. (2008) llevaron a cabo un estudio de metanálisis para determinar la eficacia de la terapia cognitivo-conductual versus placebo para adultos con una variedad de trastornos de ansiedad como la ansiedad social. Con ese fin, estos dos investigadores examinaron a 1,165 personas y encontraron que solo 27 cumplían con los rigurosos criterios del estudio. Los estudios seleccionados tuvieron un total de 1.496 pacientes. Después de un análisis cuidadoso, Hofmann y Smits descubrieron que la terapia cognitivo-conductual producía grandes resultados para los pacientes en comparación con un placebo. Esto los llevó a concluir con sus propias palabras, "CBT produce beneficios significativamente mayores que los tratamientos con placebo" (Hofmann y Smits, 2008, p.6). Entonces, la pregunta no debería ser si el enfoque cognitivo conductual funciona o no; el enfoque debe estar en seguir el proceso lo más cerca posible y hacer los ejercicios sugeridos. Solo entonces podrá saber si esta terapia funciona para usted o no. Tú tienes la clave para saber si te recuperas de la ansiedad a través de este proceso o no.

Cómo identificar la causa de tu ansiedad

Nunca querrás terapia de ansiedad a menos que sienta que es necesaria. Por lo tanto, las personas que acuden a la terapia cognitivo-conductual generalmente se encuentran en una situación desesperada y abrumada. Su principal problema es que no están seguros de cuál es la causa de su ansiedad. Por lo tanto, el paso principal a dar es primero comprender cuáles son los principales factores de ansiedad. Luego, puedes ir a la causa raíz de la ansiedad y cortarla. Tratar solo los síntomas, como el uso de medicamentos, nunca ha dado resultados duraderos. Es como cuando quieres matar las malas hierbas; ¿Cortas las hojas, las ramas o las raíces? Obviamente, vas tras las raíces. Lo mismo ocurre con la ansiedad. Las raíces deben cortarse para obtener resultados positivos duraderos. Ahora bien, ¿cuáles son las raíces? Volvamos sobre nuestros pasos y veamos la historia del hombre que se suicidó después de no conseguir un trabajo.

Sabemos que se suicidó, y ese es el comportamiento que tomó después de sentir que no podía manejar las reacciones y emociones de su cuerpo. ¿Por qué su cuerpo reaccionó de la forma en que lo hizo? Simplemente porque ese joven se detuvo en pensamientos de desesperanza que eventualmente requirieron que el cuerpo reaccionara drásticamente para liberar la tensión. Desafortunadamente, el cuerpo suele hacer esto provocando dolencias. Entonces, los dolores que sentimos en nuestros cuerpos son una señal de que algo en nuestro cerebro no está bien. De ahí que las raíces que el joven hubiera podido aniquilar fueran sus pensamientos automáticos negativos y paralizantes. El enfoque cognitivo conductual de la ansiedad busca identificar este tipo de pensamientos que resultan en la ansiedad que siente. Sadhguru confirmó esto cuando dijo: "Pero si miras esto cuidadosamente y con absoluta sinceridad, te darás cuenta de que tu forma de pensar es la forma en que te sientes" (Sadhguru, 2016, pág.191). Una gran pregunta es: "¿Cuál es el origen de los pensamientos automáticos y cuáles son?"

Los pensamientos automáticos ocurren subconscientemente sin tu conciencia. Por lo general, se originan en las creencias arraigadas que guían su vida. Todos nos programamos, desde la niñez, con ciertas ideas, y el proceso continúa durante toda la vida. Algunas de las creencias las creamos nosotros mismos a medida que envejecemos. Estas creencias son nuestras referencias cuando tenemos que tomar decisiones rápidas. Por ejemplo, si estás caminando por el bosque y de repente ves un oso, ¿qué sucede? Si te criaron con la creencia de que un oso es peligroso y puede matar humanos, es muy probable que corras o estés listo para protegerte, ¿verdad? Pero alguien que cree que un oso no es peligroso probablemente observaría al oso y ni siquiera pensaría en correr. Este ejemplo ilustra cómo nuestras creencias afectan la forma en que pensamos y finalmente actuamos.

En resumen, comienza el proceso terapéutico identificando exactamente cómo te sientes. Tus emociones de ansiedad son la clave para acceder a tu mente y encontrar la causa. Por eso James Allen habló de la introspección como el primer paso hacia el autocontrol inteligente. Aquí, tu introspección busca detectar los sentimientos exactos y, finalmente, los pensamientos automáticos correspondientes que estás experimentando. Una vez que detectes los pensamientos que son responsables de producir la ansiedad, tu siguiente paso es cambiar estos pensamientos. Si no cambias estos pensamientos, entonces no puedes esperar que tu ansiedad desaparezca porque la raíz no se altera. La gran pregunta ahora es: "¿Cómo cambio mis pensamientos negativos a positivos una vez que los he identificado?"

La respuesta, te darás cuenta, es relativamente simple, pero algunas personas se burlan de ella. La forma de cambiar tus pensamientos es exactamente la forma en que los convertiste en creencias en primer lugar. El principio que usaste para instalar esas creencias en tu mente se llama "sugerencia". Básicamente, este principio funciona al exponer tu mente a una idea específica una y otra vez hasta que se conecta a tu cerebro y cuerpo. Sin embargo, para la mayoría de nosotros, estas creencias se originaron en otras personas, no en nosotros. Desafortunadamente, algunos no nos sirven, como los pensamientos negativos automáticos que pueden crear ansiedad.

Para ilustrar cómo convertir sus pensamientos negativos en positivos y constructivos, digamos que tu pensamiento negativo dice: "Solo las personas calificadas obtienen buenos trabajos", lo que te impide solicitar una buena vacante. Para neutralizar este pensamiento, puedes crear una idea como esta: "Hice buenos trabajos en el pasado para los que comencé sin calificaciones. No es la calificación lo que es importante, sino las habilidades para hacer el trabajo. Quiero este tipo de trabajo, aprenderé las habilidades y conseguiré este trabajo ". Ahora, escribe esta declaración en una tarjeta y leela una y otra vez, especialmente por la mañana y antes de dormir por la noche. En estos momentos, tu conciencia está un poco baja y es más fácil acceder al subconsciente y reprogramarlo.

Capítulo 2: Ansiedad en cuatro áreas de la vida y cómo manejarla

Ya hemos visto que la ansiedad por sí sola no es algo malo cuando se encuentra en niveles razonables. Sin embargo, en el momento en que interfiere con otros aspectos de la vida como el trabajo, puede ser un problema. En este capítulo, hablaremos de cuatro áreas en las que la ansiedad puede causar problemas y aprenderemos a manejar este problema mental en tales situaciones. Las áreas a considerar son la ansiedad social, la ansiedad relacionada con el trabajo, la ansiedad en las relaciones y la ansiedad relacionada con la familia. Repasemos cada uno de ellos.

Ansiedad en las relaciones

Las relaciones románticas requieren apertura para que sean saludables y agradables para ambos. Desafortunadamente, cuando está abierto, corre el riesgo de resultar herido o incluso de atraer decepciones. La incertidumbre es un elemento común en muchas situaciones de ansiedad. No es de extrañar en las relaciones románticas que la inseguridad sea un factor tan importante de ansiedad. Las personas con ansiedad social o ansiedad generalizada pueden encontrar un desafío para manejar sus relaciones. Es posible que algunas personas no se den cuenta de que enfrentan ansiedad en las relaciones. Las respuestas a estas preguntas pueden ser de ayuda si no está seguro.

- ¿Te esfuerzas todo lo posible por evitar conversaciones difíciles con tu pareja?
- ¿Te sientes ansioso a menudo cuando tu pareja ha ido de compras, a un taller, al trabajo o con amigos?
- ¿A menudo te preocupa que tu pareja te esté engañando?

Si has respondido a cualquiera de las preguntas anteriores con un sí, es posible que estés experimentando ansiedad en las relaciones. Hay guías que puedes seguir para manejar la ansiedad en las relaciones. Repasemos cuatro de ellos.

• **Evita etiquetar a su pareja.** Algunas personas tienden a describir a su pareja utilizando descripciones de una sola palabra como "Él es inseguro" o "Ella es irrespetuosa" y muchas otras. ¿Existe una persona que pueda describirse completamente con una sola cualidad? Piense en esto por un momento y verá que cualquier persona tiene una multitud de cualidades. Pero, una vez que se lo describe en una palabra, le está dando a su cerebro una directiva para buscar esa cualidad en su pareja con regularidad. ¿Y adivina qué? No te decepcionará porque tu cerebro dirigirá tus sentidos para detectar la cualidad. Como todos los demás, tienes puntos ciegos; y por lo tanto, debes practicar la tolerancia. Al hacerlo, puede llamar la atención de tu pareja con tacto sobre cualquier cualidad negativa que detecte y ayudar a lidiar con ella de manera inteligente. Lo más importante es que hagas lo mejor que puedas para lidiar con los hechos en lugar de las opiniones, y tu cónyuge apreciará tu ayuda y, por lo tanto, ambos construirán una relación que funcione mejor.

• **Elimina la tendencia a culpar a tu pareja.** Nadie está exento de culpa, seamos conscientes de ello o no. El problema es que, por lo general, no nos agrada que nos culpen, incluso cuando sabemos que tenemos la culpa. Cuando alguien te culpa, ¿no sientes la necesidad de defenderte? La mayoría de la gente lo hace. Entonces, culpar no es la mejor manera de lidiar con los problemas en las relaciones. Más bien, primero investigue el papel que pudo haber desempeñado o evitado en el problema de relación que ambos pueden estar enfrentando. Es posible que te sorprendas al descubrir que fuiste la causa del problema en primer lugar. Incluso si tu pareja puede ser responsable, aún debes tratarla con respeto y concentrarte en lidiar con los problemas en lugar de la persona. Lo más importante es que recuerdes que la forma en que manejas los problemas en su relación romántica generalmente refleja también cómo manejas otros tipos de conexiones.

• **Examina tus pensamientos.** ¿Alguna vez te has encontrado pensando que tu pareja planea dejarte? Si es así, has caído en la trampa de lo que se llama "distorsiones cognitivas". Estos son patrones de pensamiento básicos en los que caemos erróneamente; aunque, en muchos casos, se equivocan. Pensar que tu pareja está planeando dejarte es un ejemplo de una distorsión en la lectura de la mente. ¿Es realmente posible saber exactamente lo que está pensando otra persona a menos que seas un psíquico? La mejor manera de lidiar con este tipo de distorsión cognitiva es simplemente preguntarle a tu pareja, si sospechas algo desagradable sobre ella. Además, convierte el reflector en sus propios pensamientos y es probable que descubra que sus propias creencias e ideas fundamentales son las culpables.

- **Identifica y sigue tus intereses personales.** Las relaciones románticas son solo uno de los elementos que componen una vida completa. Demasiado enfoque en el tuyo puede, tarde o temprano, exhumar algunas cosas que no te gustan. No es malo concentrarse en las fortalezas de la relación, pero recuerda que las imperfecciones convierten los diamantes en gemas brillantes. Una buena forma de reducir la ansiedad en las relaciones es perseguir tus objetivos e intereses personales. De hecho, según Kathleen Smith, PhD, (n.d.) las personas que cuentan con relaciones sólidas y ponen energía en lograr sus metas e intereses personales tienen más probabilidades de ser mejores socios. Por cierto, es posible que tu pareja se haya sentido atraída por ti porque te vio trabajando en tus metas y sabía que eres del tipo con el que le gustaría pasar el resto de su vida.

Ansiedad relacionada con el trabajo

Una joven trabajó una vez en una empresa productora de cobre. Una de sus tareas, al final de cada mes, era hacer un inventario y luego preparar un informe de contabilidad de metales. Esta tarea requería que hiciera muchas estimaciones de un mes a otro, y esto la frustraba mucho. Durante un período de tiempo, esta mujer comenzó a odiar esta tarea y, por alguna razón, logró mantenerse en la tarea durante algunos años. Pero, después de su baja por maternidad, se negó a hacer la tarea, argumentando que la estresaba. Puedes estar seguro de que a ella no le gustó la tarea de contabilidad. Pero lo hizo todos los meses debido al apoyo que recibió, o de lo contrario habría evitado la tarea a toda costa. Esto es lo que la ansiedad relacionada con el trabajo y la ansiedad en general pueden hacer. Según Kathleen Smith, PhD, (n.d.) alrededor del

75% de las personas con ansiedad o estrés informan que afecta negativamente su vida diaria y su trabajo. Por lo tanto, es importante identificarlo y tratarlo de manera efectiva.

La ansiedad en el lugar de trabajo es una preocupación importante tanto para los empleadores como para los trabajadores porque afecta muchos resultados laborales. Por ejemplo, la ansiedad elevada en el trabajo puede afectar negativamente la actitud y el desempeño de los empleados. ¿Cómo saber si puede ser víctima de ansiedad laboral? Hay una serie de signos que puede verificar para diagnosticarse, como:

- Menor confianza en uno mismo
- Cuando a menudo es pesimista
- Cuando evita establecer objetivos y, posteriormente, es improductivo
- Cuando te rindes fácilmente cuando las cosas se ponen un poco difíciles
- Desanimarse fácilmente, lo que puede provocar un rendimiento deficiente.
- Mala relación laboral con sus colegas.
- Pocas habilidades sociales

En el lugar de trabajo, la ansiedad puede surgir de diversas formas, como ansiedad social, ansiedad generalizada u otros tipos. Las personas ansiosas tienden a estar insatisfechas con su trabajo. No es sorprendente si se tiene en cuenta que la ansiedad puede provocar una caída en el desempeño laboral y hacer que corra menos riesgos y piense menos en el futuro y la innovación. La ansiedad en el lugar de trabajo no solo mata la creatividad y la iniciativa, sino que también puede hacer que desprecies tu trabajo. ¿Cuáles son las principales causas de ansiedad?

Hay varias causas como: plazos, trabajo con personas difíciles, descripciones de trabajo poco claras, gerentes desconsiderados, comunicación ineficaz entre los trabajadores, falta de visión, malas relaciones con los colegas y falta de equidad. La lista de causas puede seguir y seguir porque hay muchos factores involucrados. Si descubres que tiene ansiedad relacionada con el trabajo, ¿cómo puedes lidiar con ella? Hay varias formas, y discutimos algunas a continuación:

- **Crea un plan de bienestar personal que incluya dormir lo suficiente, comer comidas saludables, hacer ejercicio y participar en actividades sociales después del horario laboral.** Este plan te ayudará a sobrellevar la ansiedad que sientes en el trabajo, pero no la elimina.
- **Mejora tu forma de tratar con sus colegas.** Un problema importante en el trabajo son los chismes y la política de oficina. La mejor manera de lidiar con los chismes es enfrentarse a la persona específica en lugar de hablar de ellos con los demás. Chismorrear solo crea tensión entre los empleados y puede dañar la productividad laboral y alimentar su ansiedad.
- **Aclara tu función laboral con tu jefe.** Ciertos roles tienen descripciones de trabajo vagas. Incluso aquellos con buenas descripciones de puestos pueden ser un problema porque no se siguen. Si eres del tipo que prospera con la estructura, la falta de adherencia y claridad en los roles laborales puede causarte ansiedad. ¿Cómo? En una etapa, estás haciendo el trabajo de gerente de oficina y, dos horas después, se espera que lleves a cabo una reunión de proyecto. Sin embargo, estás empleado como desarrollador de software. No te rías; algunas empresas carecen de estructura hasta el punto de que uno se pregunta cómo sobreviven. Su recurso es reunirte con tu jefe y comprometerse juntos con una descripción de trabajo acordada, así como con las entregas esperadas.
- **Acepta plazos realistas.** Hay momentos en los que los plazos no son negociables. En tales casos, la mejor ruta es pedir concesiones en algunas de las actividades que puedas estar realizando para poder concentrarte en la tarea de emergencia. Siempre que sea posible, negocia una fecha límite que te permita hacer un buen trabajo en lugar de simplemente tratar de complacer a tu jefe entregando un trabajo rápido pero de mala calidad.
- **Trata los hechos, no las opiniones.** Uno de los problemas mortales en el trabajo es el hábito de generalizar. Es mucho más fácil hacerlo que pensar con precisión porque esto último requiere un esfuerzo mental serio. Pero, si decides lidiar con los hechos, verás que los demás serán

cuidadosos cuando se relacionen contigo y será más probable que eviten chismes y opiniones no deseadas.

Ansiedad social

La ansiedad social es el miedo anticipado a ser juzgado y evaluado negativamente por otros. Una situación común que puede desencadenar este tipo de ansiedad es hablar en público. Un estudio de investigación de Dwyer y Davidson (2012) descubrió que los estudiantes universitarios seleccionaban con mayor frecuencia hablar con un grupo como su principal temor. Sin embargo, el mismo estudio encontró que el miedo a la muerte se manifestó en el arriba con hablar en público en tercer lugar. Por lo tanto, la idea de hablar puede hacer que algunas personas entren en modo de ansiedad.

Si por lo general te pones ansioso en eventos y situaciones sociales, pero confías en ti mismo cuando está solo, entonces puedes ser víctima de la ansiedad social. Muchas personas sufren de ansiedad social específica o ansiedad social generalizada. Una ansiedad social específica es del tipo que solo experimenta cuando comienza a pensar en realizar una actividad determinada, como hablar en público. Por otro lado, la ansiedad social generalizada ocurre cuando estás nervioso e incómodo en una variedad de entornos sociales. La ansiedad social puede desencadenarse cuando: te critican, eres el centro de atención, te encuentras con personas con autoridad como un director ejecutivo (CEO) o te encuentras con extraños.

Los síntomas típicos de la ansiedad social incluyen algunos de los siguientes:

- Garganta y boca secas
- Aumento de la frecuencia cardíaca
- Enrojecimiento, especialmente si tienes la piel más clara.
- Dificultad para tragar

La ansiedad social, como todas las demás ansiedades, puede ser motivo de preocupación cuando afecta tu trabajo, tus relaciones y tu salud mental y emocional. Por esta razón, necesitas encontrar un tratamiento eficaz. Uno de los enfoques más poderosos para curar la ansiedad es el enfoque cognitivo-conductual que discutimos en el capítulo 1. Así es como una persona cambió su vida a través de esta terapia.

Cómo un hombre de 27 años dejó de tener fobia social en 15 semanas

La historia sucedió en la India y el protagonista era un hombre soltero que ganaba un ingreso promedio. Esta historia está capturada en una investigación de 2009 de Priyamvada, R., Kumari, S., Prakash, J. y Chaudhury, S. Durante un período de tiempo, este hombre había comenzado a evitar las multitudes y prefería quedarse en casa. Su complejo de inferioridad también le había hecho perder finalmente el interés por su trabajo. No es sorprendente que pasara la mayor parte del tiempo revolcándose en pensamientos de insuficiencia, baja autoestima e incluso mostrara signos de depresión.

Para su crédito, este hombre fue y buscó ayuda, y obtuvo una en forma de terapia cognitiva conductual. Los terapeutas, después de establecer una relación inicial y escuchar la historia de su vida, determinaron los siguientes objetivos de la terapia para él:

• Ayudarlo a reducir su ansiedad, el complejo de inferioridad y mejorar su autoestima.

• Ayudarlo a aprender a modificar sus pensamientos negativos automáticos.

El tratamiento duró 17 sesiones y duró un total de 15 semanas. Uno de los pasos clave que se tomaron fue primero enseñarle a este hombre cómo respirar correctamente y luego enseñarle a relajar el cuerpo y la mente. A partir de entonces, el terapeuta lo educó sobre cómo desafiar sus pensamientos negativos, automáticos e improductivos, y también le enseñó a reestructurar sus creencias erróneas e inexactas de la infancia. Después de que todo estuvo hecho, este protagonista obtuvo los siguientes resultados:

- Su ansiedad y sentimientos de culpa disminuyeron, mientras que su autoestima recibió un impulso.
- Curiosamente, comenzó a asistir a reuniones sociales.

El terapeuta hizo un seguimiento con él 6 meses después del tratamiento y descubrió que las cosas realmente iban bien. Por ejemplo, el que alguna vez sufrió ansiedad social había expandido la organización no gubernamental (ONG) para la que trabajaba a otras ciudades. Este estudio de caso concluyó que una combinación de tratamientos cognitivos, emocionales y conductuales es eficaz para revertir las fobias sociales.

Ansiedad relacionada con la familia

Según la Dra. Samantha Rodman en su artículo de 2018 "¿Criado por padres ansiosos? Así es como podría afectar su salud mental", es increíblemente difícil para un niño que crece con un padre ansioso vivir una vida feliz. Esto es lo que puede hacer la ansiedad relacionada con la familia si no se trata. Puede imaginarse lo difícil que sería para un niño cuyos padres están ansiosos. Quizás esta historia ilustra mejor cómo un padre ansioso puede comenzar el proceso de "traspasar" la ansiedad a sus hijos.

Joyce estaba a punto de llevar a sus dos pequeñas hijas a sus clases de baile. Al mismo tiempo, tenía una asignación de trabajo que debía completar en ese momento porque ya se había retrasado. Después de terminar la tarea, descubrió que sus hijas aún no se habían puesto la ropa de baile. Sintió una oleada de adrenalina bombeando su sangre mientras se sentía abrumada y frustrada. De todos modos, consiguió que las niñas adornaran sus ropas elegantes y se puso en camino con ellas a tiempo. En el camino, mientras estaba en el auto, Joyce espetó y gritó a sus pequeñas hijas impresionables por no usar sus ropas de baile a tiempo. Su corazón latía con fuerza mientras lo hacía. Había perdido el control y, afortunadamente, mantuvo las ruedas del coche en la carretera. Lo triste es que Joyce no estaba atacando a sus hijas por el momento. Había sido algo que hacía unas cuantas veces casi a la semana. Por lo tanto, había estado tratando de superar su ansiedad lo más rápido que pudo.

Ahora, aquí está el problema. Los niños ven a los padres como sus modelos a seguir, seamos conscientes de ello o no. Por lo tanto, copian mucho de lo que hacemos y cómo lo hacemos. Hace unos días, Vi a una niña de 7 años con los zapatos de su abuela. Cuando le pregunté por qué, se encogió de hombros y siguió adelante. Lo hizo por la única razón de parecer una adulta y ser como su abuela. Si hay algo que, como padres, deberíamos aprender sobre nuestros hijos, es esto: los niños son como una esponja y absorben mucho de lo que sucede en su entorno. Quizás una cita de John B. Watson, el psicólogo conductual fallecido, esté en orden aquí. Una vez dijo: "Dame una docena de bebés sanos, bien formados y mi propio mundo específico para criarlos y te garantizaré que tomaré a cualquiera al azar y lo entrenaré para que se convierta en cualquier tipo de especialista que pueda seleccionar". -doctor, abogado, artista, comerciante-jefe y, sí, incluso mendigo y ladrón, independientemente de sus talentos, inclinaciones, tendencias, habilidades, vocaciones y raza de sus antepasados "(Watson, sf, p.82).

Los niños aprenden de los adultos en quienes confían principalmente copiando de ellos. Por lo tanto, los padres ansiosos pueden transmitir sus comportamientos a sus hijos. Aquí hay algunas cosas que los padres ansiosos pueden enseñar a sus hijos sin siquiera darse cuenta:

• **Evitar correr riesgos.** Esto equivale a matar la capacidad de sus hijos para aprender cosas nuevas. ¿Cómo aprenderán a interactuar con éxito con su entorno sin correr riesgos? Esto es como poner indirectamente a un niño en una prisión de máxima seguridad, y no puede prosperar.

• **Desconfiar de otras personas.**

• **Quedarse en casa y evita reunirse e interactuar con extraños, ya que pueden lastimarlo.**

• **Tener miedo a la incertidumbre.** Piénsalo. ¿Cómo se consigue hacer cosas nuevas sin afrontar y manejar la incertidumbre? El crecimiento de una persona está relacionado con cuánto está dispuesto a navegar por territorios desconocidos.

Desafortunadamente, algunos padres muy ansiosos no se perciben a sí mismos como ansiosos y creen que piensan y actúan a partir de los hechos. Lamentablemente, no hay nada más alejado de la verdad. Incluso las personas sin ansiedad no siempre están al tanto de sus propios comportamientos. Si ha sido criado por padres ansiosos, no les guarde rencor. Hicieron lo mejor que pudieron. Lo mejor que puede hacer es mirar, con expectativa, hacia adelante y trabajar para manejar su ansiedad y vivir una vida sana y feliz. Este libro contiene las ideas y prácticas que puede implementar para comenzar a cambiar su vida.

Capítulo 3: Qué hacer para mantenerse al tanto de su salud mental

Es vital darte cuenta y comprender que todo lo que sucede en tu vida se debe a tu consentimiento mental. Esto puede haber ocurrido cuando aún eras un niño pequeño, un adolescente o un adulto. La razón de esta conclusión es bastante básica; la mayor parte de lo que sabes y crees que es verdad vino a través de tus sentidos y, con el tiempo, te condicionó a ser el tipo de persona que eres hoy.

Si deseas vivir una vida saludable, alegre y emocionante, entonces es tu deber principal cambiar tu vida. Esto es lo que te ayudará a hacer este capítulo.

Conócete a ti mismo

La mayoría de nosotros creemos erróneamente que somos nuestros pensamientos, emociones y comportamientos. Sin embargo, solemos decir frases como "Mi cuerpo". Ahora, ¿quién es el "Mi" que dice "mi cuerpo"? Piensa en eso por un momento. La mayoría de las personas pasan toda su vida sin siquiera hacerse esta pregunta fundamental. Si el cuerpo es mío, entonces no soy el cuerpo. Si mi mente es mía, entonces no soy la mente. Todas estas son las herramientas que utilizo para vivir la vida en este hermoso planeta. Entonces, si no eres mente, cuerpo o acciones, entonces debes ser algo invisible. Por lo tanto, decimos que eres un espíritu que vive en un cuerpo físico y es capaz de pensar.

Conocerse a sí mismo significa simplemente descubrir cuál es su personalidad actual. ¿Cómo haces eso? Bueno, la mejor herramienta para ese propósito se llama autoanálisis. Después de haber realizado una introspección seria, te darás cuenta del tipo de persona que eres y podrás descubrir cómo adaptarte a ti mismo para convertirte en una persona feliz y saludable. Aquí hay tres cosas que puedes hacer para identificar el tipo de persona que eres.

• **Descubre cuáles son tus seis valores principales.** Los valores no son más que cosas y cualidades que no son negociables en tu vida. Los ejemplos de valores incluyen: familia, integridad y cuidado.

- **¿Cuáles son tus puntos fuertes?** Esto es importante porque puedes estar jugando en un campo en el que no estás capacitado para sobresalir y te siente mal por ello. No quiero decir que no puedas hacer nada nuevo; tu puedes. Tomar conciencia de lo que se te da bien y concentrarte en eso puede convertirte en una de las personas creativas del mundo.
- **¿Cuáles son tus principales intereses?** Al igual que las fortalezas mencionadas anteriormente, los intereses te ofrecen una mano guía para que puedas hacer lo que más te importa. ¿Cuál es el punto de tratar de convertirse en un emprendedor en línea cuando la idea del marketing en línea adormece tu creatividad y te quita energía?
- **¿Tienes autocontrol?**
- **¿Eres lo suficientemente persistente como para conseguir lo que te decides a perseguir?**

Cuando hayas descubierto el tipo de persona que eres, puede que sea el momento oportuno para descubrir cuál es tu principal propósito en la vida. ¿Alguna vez has pensado en eso? Este es el único elemento que todas las personas felices y exitosas colocan en el centro de sus vidas. Les ayuda a enfocar su atención en las cosas que más importan en sus vidas en lugar de en las cosas que otros pueden querer que hagan. También ayuda a evitar dar marcha atrás en el reloj a pensamientos que pueden desencadenar ansiedad. Viktor Frankl, mientras estaba en el campo de concentración alemán, observó que "un hombre que se dejaba decaer porque no podía ver ninguna meta futura se encontraba ocupado con pensamientos retrospectivos" (Frankl, 1984, p. 92). Inmediatamente decidas cuál es tu principal objetivo en la vida; descubrirás que hay ciertas cualidades que necesitarás desarrollar para lograrlo. Por lo tanto, comenzarás a vivir de adentro hacia afuera, a diferencia de la mayoría de las personas que viven principalmente de afuera hacia adentro. Sadhguru observó una vez: "Lo único que se interpone entre tu y tu bienestar es un hecho simple: has permitido que tus pensamientos y emociones reciban instrucción desde el exterior en lugar que desde el interior" (Sadhguru, 2016, p.29).

Ahora es el momento de aprender a cambiar tus hábitos.

Cambia tus hábitos

No puedes cambiar tus hábitos hasta que descubras la razón detrás del cambio. La mayoría de las personas abordan esta tarea al azar. Decide ahora mismo qué hábito quieres modificar y por qué. Piensa en cómo cambiará tu vida una vez que vivas este nuevo hábito. Uno de los hábitos más terribles que juega un papel importante en la ansiedad y el miedo es el hábito de reaccionar en lugar de responder. Cuando reaccionas, el estímulo externo te controla; mientras que, al responder, estás a cargo de lo que esté sucediendo. Reaccionar se trata realmente de dejar que los instintos dirijan el espectáculo y normalmente va acompañado de emociones negativas y la voluntad de vengarse. Por otro lado, responder ocurre después de haber pensado antes de decir algo. Cuando te disparan un estímulo, hay un micro momento que puedes tomar para pensar y luego responder.

Para ilustrar cómo alterar tus hábitos, asumiremos que desesa tener el hábito de responder en lugar de reaccionar para poder controlar la ansiedad. ¿Cómo haces el cambio?

Usamos una técnica que se llama autosugestión. A veces, este método de cambiar sus propios hábitos se llama autosugestión. Esencialmente, en lugar de permitir que los estímulos externos entren en tu mente madura, generas tus propios estímulos. Combinaremos este proceso con una técnica para ayudarte a responder mientras desarrollas este nuevo hábito para que puedas ver los beneficios de inmediato.

Aquí hay una fórmula de tres pasos para cambiar el hábito de reaccionar que debes repetir al menos dos veces al día durante un mínimo de 90 días:

- **Siéntate cómodamente en una silla y quédate quieto y en silencio.** Este paso permite que tu mente entre en un estado receptivo.

- **Toma una frase breve, pero rica en emoción, y repítela una y otra vez durante cinco minutos más o menos.** Puedes crear cualquier frase relevante que desees, pero déjeme darte una con la que puede comenzar. Aquí va: "Estoy feliz y emocionado ahora que respondo a la gente en lugar de reaccionar. Me siento bien y los demás lo disfrutan cuando tengo el control. Gracias." Di esta afirmación lentamente y con sentimiento, y notarás que tus sentimientos cambian para mejor. El mejor momento para hacer este ejercicio es temprano en la mañana inmediatamente después de que te despiertes y justo antes de irte a dormir por la noche.

• **Ahora, observa con el ojo de tu mente (mientras estás relajado y con los ojos cerrados) a tus seres queridos felicitándote por haberte convertido en una persona con autocontrol.** Observa la escena donde ocurren estos mensajes de felicitación. Presta atención a cómo te sientes.

Ahora, mientras modificas tu hábito de reaccionar, practica hacer lo siguiente cada vez que otra persona diga algo que te duela:

• **Decídete a tomar dos o tres respiraciones antes de responder.** Hacer esto te da tiempo para evaluar lo que se dijo. Nunca prestes demasiada atención a la persona que te haya dicho algo malo. Trata siempre de concentrarte en el mensaje.

• **Ahora, da una respuesta que hayas pensado detenidamente.**

Si practicas esto durante varios días, deberías notar una mejora en la forma en que tratas con los demás. Quizás una buena manera de recordar los dos pasos anteriores es escribirlos en una tarjeta de 5x5 y leerlos varias veces durante el día. Si continúas haciéndolo, eventualmente se filtrarán en la mente subconsciente.

Lo que hemos dicho anteriormente es una forma general que puede utilizar para modificar prácticamente todos los hábitos que desees cambiar.

Cómo manejar el miedo

En el Capítulo 1, vimos que la amígdala es el área del cerebro que desencadena los sentimientos de miedo dentro del cuerpo humano. El origen del estímulo de miedo podría ser sus propios pensamientos y recuerdos emocionales o una amenaza externa como una serpiente. Tus propios pensamientos tienen el poder de crear una amenaza imaginaria que rápidamente ingresa al cuerpo en un estado de miedo. Por lo general, los pensamientos negativos que genera son los culpables y afectan el cuerpo y el cerebro. Estos pensamientos negativos debilitan el sistema inmunológico y abren el camino a la enfermedad.

Aprender a manejar los pensamientos negativos es vital porque te ayuda a mantener tu salud y también a hacer cosas que pueden mejorar tu vida y traer alegría. Aquí hay formas de manejar el miedo.

Cómo aniquilar los pensamientos negativos

Lo único que necesitas para matar los pensamientos negativos con éxito utilizando este método es la conciencia de ti mismo, la capacidad de observar lo que sucede en tu mente y cuerpo. Si no tienes ningún daño físico en ninguna de tus facultades mentales, entonces esto será simple, aunque puede que no sea fácil si aún no es un hábito tuyo.

- Identifica el evento u objeto que te causa la emoción del miedo.
- Enciende la luz del reflector y detecta los pensamientos automáticos que inundan tu mente.
- Una vez identificado, dale un nombre al pensamiento. En muchos casos, una vez que le das una etiqueta al pensamiento, éste pierde su control sobre ti. Pero asegúrate de que sea el pensamiento lo que provocó tu miedo.
- Ahora, esto es lo más importante, sonríe y responde al pensamiento negativo como si fuera una persona, y eso debería matarlo de inmediato. Si tu miedo proviene de congelarse cuando se supone que debe hablar con un grupo, puedes decir una declaración como esta: "Sé que tengo ideas importantes para compartir con estas personas que amo tanto. No vas a evitar que haga esto porque estas personas son más importantes para mí que tú. Déjame solo para disfrutar de mi charla. Gracias."

Esencialmente, para luchar contra el control de tu mente de los pensamientos negativos, debes darte cuenta de que no tienes que aceptar y creer cada pensamiento que surja en tu mente.

Aprende a relajar tu cuerpo

La mayoría de las personas duermen todas las noches y algunas incluso toman una siesta durante el día. ¿Por qué dormimos? Hacemos esto por ningún otro motivo más que para relajar el cuerpo para que se energice. Además, dormir nos ayuda a despejar la niebla en nuestra mente y nos ayuda a pensar mejor. Un cuerpo relajado dará como resultado una presión arterial más baja, una menor ansiedad y un mejor autocontrol. Esto debería indicarte lo importante que es relajar el cuerpo y la mente. Pero, ¿cómo relajas tu cuerpo y tu mente? Aquí hay una forma que recomiendo:

• Busca un lugar tranquilo donde puedas estar solo durante unos 20 a 30 minutos y siéntate en una silla cómoda con los pies en el suelo y la columna erguida.

• Toma diez respiraciones profundas y lentas. Esto te ayudará a calmar el cuerpo con bastante rapidez.

• Permite que los pensamientos visiten su mente, pero no te concentres en el tipo negativo. Recuerda que lo que das de tu energía es para atender, para crecer y hacerte más grande.

El objetivo del ejercicio anterior es simplemente ayudar a relajar tu cuerpo, y tu mente lo seguirá. Al hacer este ejercicio una y otra vez, tu amígdala aprenderá que tu tienes el control y llegará a responder a tus órdenes.

Controlando tu respiración

Hay ciertas formas que ayudan a calmarse y reducir tu pulso y frecuencia cardíaca. Los ejercicios respiratorios repetidos eventualmente restablecen tu frecuencia respiratoria y pulso normal; y así, te permitirán pensar con mayor claridad. Uno de los mayores desafíos que enfrentan las personas ansiosas es una mente que se escapa, y la respiración puede ayudar a evitar que eso suceda. El propósito de la respiración es principalmente absorber suficiente oxígeno en el cuerpo y liberar la mayor cantidad posible de gases tóxicos. Pero también te ayuda a controlar la ansiedad si puedes hacerlo mientras comienza a ocurrir. Hay varias técnicas de respiración que puedes hacer, pero compartiré contigo solo un método que puedes practicar de inmediato.

Respiración del vientre

La mayoría de nosotros respiramos principalmente desde el pecho. Desafortunadamente, hay muy poco movimiento en la caja torácica porque es rígida. Pero hay un músculo fuerte entre el abdomen y la caja torácica que puedes manipular para aumentar el volumen de los pulmones. También puedes usarlo para exprimir el aire cargado de dióxido de carbono de tu cuerpo. Así es como se realiza la respiración estomacal:

- Siéntate cómodamente en una silla y endereza la columna.

- Coloca tu mano derecha sobre tu estómago y tu mano izquierda sobre tu pecho y respira. Ajusta tu respiración hasta que respires casi exclusivamente desde el vientre.

- Respira profundamente expandiendo tu estómago tanto como sea posible. Luego, exhala lentamente todo el tiempo que puedas. Eso debería expulsar la mayoría de los gases malos de tu cuerpo.

Eso es todo lo que hay que hacer con la respiración abdominal. Practica este ejercicio al menos dos veces al día y pronto se convertirá en un hábito y en un buen hábito.

Mejora tu confianza en ti mismo

El comienzo para mejorar la confianza en uno mismo es a través del autoanálisis. Si has realizado el ejercicio de autoanálisis que te sugerí anteriormente, es posible que te hayas dado cuenta de que no eres una mala persona. Sí, es posible que tengas algunas deficiencias, pero casi todo el mundo carece de al menos una cualidad que les impide ser lo mejor que pueden ser. Napoleon Hill una vez estudió a más de 500 de los hombres más ricos de Estados Unidos y descubrió que todos tenían confianza en sí mismos en la popa de sus velas. Una vez escribió: "La confianza en uno mismo es el producto del conocimiento. Conócete a ti mismo, sabe cuánto sabes (y qué poco), por qué lo sabes y cómo lo vas a utilizar "(Hill, 1928, p.68). Estoy de acuerdo con este filósofo fallecido en que cuando te conoces a ti mismo, tu confianza en ti mismo aumenta y te preparas para lidiar con los desafíos de la vida como el miedo y la ansiedad.

La confianza en uno mismo se trata de tener fe en uno mismo y habilidades para superar los desafíos, incluidas las emociones como el miedo. El arma más potente que se puede utilizar para desarrollar el tipo de autoconfianza que deseas se llama autosugestión. La razón por la que esta arma es poderosa es porque imita cómo aprendimos todo lo que sabemos positivamente, como andar en bicicleta. Antes de comenzar a desarrollar la confianza en ti mismo, imagina en tu mente el tipo de persona en la que deseas convertirte. ¿Qué haría esta persona si no tuviera miedo? ¿Cómo esta persona lleva a cabo sus actividades diarias? ¿Cómo se relaciona con los demás? Como sabes, no puedes completar con éxito una tarea a menos que haya un motivo fuerte detrás de ella; por lo tanto, las preguntas que he planteado aquí son relevantes.

Ahora que tienes una idea del tipo de persona en la que quieres convertirte en lo que respecta a la confianza en ti mismo, es hora de programar tu mente subconsciente con esta nueva imagen de ti mismo. A continuación, te indicamos cómo hacerlo:

• Siéntate cómodamente y relaja tu cuerpo, y también tranquiliza tu mente. El propósito es hacer que tu mente sea receptiva a la sugerencia que viene.

• Ahora, lee el siguiente credo en voz alta para que puedas escucharte a ti mismo y hazlo con sentimiento: "Sé que fui creado con todas las herramientas que necesito para vivir una vida plena y placentera. También sé que me trajeron a este hermoso planeta para ganar en lo que hago. Por lo tanto, actúo diariamente con persistencia y confianza para que mi vida sea placentera y alegre. Soy consciente de que mis pensamientos dominantes eventualmente se convierten en mi forma habitual de hacer las cosas. Por lo tanto, siempre concentro mi mente en pensamientos que me llevan a actuar con confianza y vivir una vida sin miedo. Gracias." Asegúrate de leer esta declaración diariamente durante al menos 90 días consecutivos. Si pierdes un día, comienza de nuevo para contar tus 90 días. Este período es suficiente para reemplazar tus pensamientos de miedo habituales por confianza y así poder prevenir la ansiedad incluso antes de que comience.

Cómo manejar un ataque de pánico

Un ataque de pánico es una ansiedad intensa que provoca temblores, dolor en el pecho, hiperventilación o frecuencia cardíaca elevada. Gary una vez fue a ver al Dr. Amen hace varios años después de haber visto a su médico con dolor de espalda. Después de investigar, el médico había detectado un punto débil sobre el riñón de Gary. Luego pidió que a Gary le tomará rayos X de su riñón. Entonces los pensamientos de Gary se volvieron locos de inmediato. Comenzó a pensar que el médico descubriría que tenía cáncer y se vería obligado a recibir quimioterapia.

Los malos pensamientos negativos no se detuvieron ahí. Gary continuó pensando que perdería su bonito cabello, experimentaría un dolor masivo y luego moriría. Todos estos pensamientos tomaron menos de un minuto, y la frecuencia cardíaca de Gary se disparó, comenzó a hiperventilar y comenzó a sudar profusamente. Estaba experimentando los síntomas físicos de un ataque de pánico. Miró al médico y le dijo que no podía hacerse una radiografía. Las personas como Gary tienden a tener una alta actividad neuronal en las áreas de la amígdala del cerebro y son propensas a una gran ansiedad. Los ataques de pánico son dolorosos, aunque duran unos minutos. Entonces, ¿cómo te proteges de esas reacciones corporales aterradoras provocadas por una ansiedad intensa?

El principal culpable en tales casos es la amígdala, y es necesario enseñarle a diferenciar entre una amenaza real y una imaginaria. Es en los momentos en que tus pensamientos negativos y adivinadores se desatan debes tomar las riendas de tu mente. Hacerlo te ayuda a controlar la ansiedad. Aquí hay una forma en que puedes prepararte para lidiar con la ansiedad antes de que se convierta en un ataque de pánico:

• **En el momento en que notes que tienes pensamientos negativos, interrumpe.** Tienes conciencia de ti mismo y puedes vigilar las actividades conscientes de tu mente. Una vez que interrumpas tus pensamientos, tu cuerpo no mostrará los signos de ansiedad porque habrías eliminado la causa.

• **En algunos casos, es posible que no puedas captar tus pensamientos negativos, por lo que puedes acelerar la aparición de la ansiedad al aumentar tu frecuencia respiratoria.** Cuando esto suceda, debes intervenir rápidamente y reducir la velocidad de tu respiración. Esto te ayudará a calmar tu mente y tu cuerpo y te librará de la posible ansiedad.

Para fortalecer tu mente y cuerpo para manejar la ansiedad, lleva a cabo los pasos y procesos que sugerimos anteriormente para manejar el miedo. Será útil si los agregas a tu repertorio diario de actividades, pero conviértelos en esenciales porque cuando tu salud se resiente, hay muy poco más que puedas lograr.

Es posible que los ejercicios que sugerimos no proporcionen el tipo de resultados que deseas. En tal caso, considera consultar a un médico experto que conozca la ciencia detrás del miedo y la ansiedad. Quizás también considere tomar imágenes cerebrales para verificar si sus ganglios basales (área del cerebro que incluye la amígdala) no son hiperactivos. Si se descubre que es demasiado activo, la medicación podría ayudarte a corto plazo mientras trabaja en la reprogramación de tu cerebro para el control de la ansiedad a largo plazo.

Conclusión

Ahora hemos cubierto lo que prometimos desde el principio del libro. Ahora, quiero que creemos un recurso al que puedas consultar rápidamente cuando desees recordar las ideas clave discutidas en las páginas de este libro. La forma en que lo haremos es exhumar las ideas más importantes discutidas en cada capítulo y colocarlas en esta parte del libro. Entonces te resultará más fácil acceder rápidamente a ellos cuando sea necesario.

En el capítulo 1, comenzamos diferenciando entre miedo y ansiedad. Indicamos que el miedo es una reacción emocional que se obtiene cuando se enfrenta a una amenaza inmediata, como un oso o un león. Por otro lado, definimos la ansiedad como un sentimiento que surge cuando la amenaza que enfrentamos es en el futuro, y generalmente se origina en nuestras actividades mentales cuando se dirigen a pensamientos negativos. La parte clave del cerebro que facilita la reacción del cuerpo a estas amenazas es la amígdala. La única clave a tener en cuenta es que la amígdala almacena recuerdos emocionales, lo que significa que puede aprender nuevas emociones si se aborda correctamente.

La siguiente idea que cubrimos fue el enfoque cognitivo-conductual de la ansiedad. Este método reúne la comprensión de los vínculos entre el pensamiento y el comportamiento para afectar el cambio. Sin embargo, para un cambio duradero, la fuente de pensamientos que activan la amígdala debe modificarse para experimentar un cambio duradero. Esta fuente son nuestras creencias. Me refiero aquí a las creencias fundamentales, no a las creencias racionales que la gente suele afirmar tener. Estas son creencias que determinan el tipo de pensamiento consciente y subconsciente que suele hacer. También contamos la historia del indio de 27 años que utilizó este método para dar un giro a su vida social e incluso llevar la organización para la que trabajaba a otro nivel.

El capítulo 2 centró nuestra atención en las ansiedades que enfrentamos en el trabajo, los entornos sociales, la familia y las relaciones. Al concentrarse en ellos, reconocerá que usted es el centro a través del cual ocurren estas ansiedades. Lo hermoso es que ya estás trabajando en tu ansiedad y esto se extenderá a otras áreas de tu vida como el trabajo. La idea más importante de la que hablamos fue el concepto de distorsiones cognitivas, la tendencia a predecir lo que piensa otra persona. Todavía no nos hemos desarrollado hasta un punto en el que podamos hacerlo con precisión. Por lo tanto, trata con hechos en lugar de opiniones. Esto se aplica a manejar las ansiedades laborales, familiares, sociales y de relación.

El último capítulo nos mostró las formas en que puedes hacerte cargo de tu salud mental. La clave es la importancia de conocerte a ti mismo porque todo lo que te pasa debe pasar por ti. Eso lo convierte en la variable más importante de todo este libro. Esto, por lo tanto, requiere un análisis exhaustivo del tipo de persona que eres. Por lo tanto, te hemos dado sugerencias para que comiences en esta dirección. Otra idea de la que hablamos fue el ataque de pánico. Tratar de lidiar con eso cuando está en medio del dolor es casi imposible. Lo mejor que puedes hacer es atraparte mientras estás en el camino hacia el ataque. Es por eso que el autoconocimiento es un aspecto tan importante de tu salud mental. Otras ideas valiosas que discutimos incluyen la confianza en uno mismo. Esta es una cualidad que entra en casi todos los entornos sociales de tu vida. Cuando lo haces bien, cosas como la ansiedad social empacan sus maletas y abandonan tu mente y tu cuerpo. Quiero terminar esto con palabras que debes grabar en tu maravillosa mente. Si es posible, escríbelas en una tarjeta y léelas con la frecuencia que consideres práctica, y guiarán su vida, sea consciente de ello o no. Son las palabras de Sadhguru, el místico indio, y dijo una vez:

"¿Cuál es entonces la salida? La salida es un cambio de dirección muy simple. Solo necesita ver que la fuente y la base de su experiencia está dentro de usted. La experiencia humana puede ser estimulada o catalizada por situaciones externas, pero la fuente está adentro. El dolor o el placer, la alegría o la miseria, la agonía o el éxtasis, ocurren solo dentro de ti "(Sadhguru, 2016, p.31).

Si disfrutaste este libro, ¡una opinión honesta siempre es apreciada!

www.ingramcontent.com/pod-product-compliance
Lightning Source LLC
Chambersburg PA
CBHW030312030426
42337CB00012B/687